重庆市交通行业推荐性标准

重庆市码头船舶岸电设施工程技术规范

CQJTS/T A01—2018

Technical Code of Shore-to-Ship Power Supply System in Chongqing

主编单位：重庆市交通规划勘察设计院
批准部门：重庆市交通委员会
施行日期：2018 年 08 月 01 日

人民交通出版社股份有限公司
China Communications Press Co.,Ltd.

图书在版编目(CIP)数据

重庆市码头船舶岸电设施工程技术规范 / 重庆市交通规划勘察设计院主编. — 北京 : 人民交通出版社股份有限公司, 2018.11

ISBN 978-7-114-14524-7

Ⅰ. ①重… Ⅱ. ①重… Ⅲ. ①船用电气设备—岸电—工程施工—技术规范—重庆 Ⅳ. ①U653.95-65

中国版本图书馆 CIP 数据核字(2018)第 256203 号

标准类型: 重庆市交通行业推荐性标准
标准名称: 重庆市码头船舶岸电设施工程技术规范
标准编号: CQJTS/T A01—2018
主编单位: 重庆市交通规划勘察设计院
责任编辑: 石 遥
责任校对: 刘 芹
责任印制: 张 凯
出版发行: 人民交通出版社股份有限公司
地 址: (100011)北京市朝阳区安定门外外馆斜街 3 号
网 址: http://www.ccpress.com.cn
销售电话: (010)59757973
总 经 销: 人民交通出版社股份有限公司发行部
经 销: 各地新华书店
印 刷: 北京市密东印刷有限公司
开 本: 880×1230 1/16
印 张: 3
字 数: 60 千
版 次: 2018 年 11 月 第 1 版
印 次: 2018 年 11 月 第 1 次印刷
书 号: ISBN 978-7-114-14524-7
定 价: 40.00 元

重庆市交通委员会文件

渝交委科〔2018〕34 号

重庆市交通委员会关于印发《重庆市码头船舶岸电设施工程技术规范》(CQJTS/T A01—2018)的通知

各区县(自治县)交通局(委),委属及各相关单位:

按照交通运输部《公路工程行业标准制修订管理导则》(JTG A02—2013)和《公路工程标准编写导则》(JTG A04—2013)对公路工程行业地方标准管理和编制、修订的相关规定,重庆市交通委员会 2016 年立项,由重庆市交通规划勘察设计院主编,长江航运科学研究所有限公司、重庆市港航管理局、国网重庆市电力公司参编,《重庆市码头船舶岸电设施工程技术规范》已完成各项编制任务并通过我委组织的专家审查,现批准该规范为我市交通行业推荐性标准,编号为 CQJTS/T A01—2018,自 2018 年 8 月 1 日起实施。

各单位在执行期间,如有问题和建议,请函告本标准日常管理组,重庆市交通规划勘察设计院,以便修订时参考。联系人:祖福兴(地址:重庆市渝北区财富大道 17 号财富 2 号 C 栋，邮编：401121；电话：023-63064666，传真：023-63064000），以便修订时参考。

特此通知

重庆市交通委员会

2018 年 7 月 9 日

重庆市交通委员会办公室　　　　2018 年 7 月 9 日印发

前　言

根据《重庆市交通委员会关于同意重庆市码头船用岸电设施建设技术规范立项的通知》(渝交委科〔2016〕3号) 文件要求，由重庆市交通规划勘察设计院承担《重庆市码头船舶岸电设施工程技术规范》的制订工作。

本规范针对重庆市大水位差码头和内河船舶特点，在交通运输部行业标准《码头船舶岸电设施建设技术规范》(JTS 155) 的基础上，吸纳《大水位差码头船用岸电系统关键技术研究》等科研成果，总结近年来重庆市码头岸电建设运营经验，经深入调研、广泛征求意见、修改完善制订而成。

本规范共分7章和6个附录，并附条文说明。主要内容包括：总则，术语，基本规定，码头岸基供电系统，船岸连接系统，船舶受电系统，用电计量、安全防护、通信及接口标准，附录A～附录F。

本规范由重庆市交通委员会负责管理和解释。请各有关单位在使用过程中，将发现的问题及时函告重庆市交通规划勘察设计院（地址：重庆市渝北区财富大道17号财富2号C栋，邮编：401121)，以便修订时参考。

组 织 单 位： 重庆市交通委员会
主 编 单 位： 重庆市交通规划勘察设计院
参 编 单 位： 长江航运科学研究所有限公司
重庆市港航管理局
国网重庆市电力公司

主要起草人员： 钟　芸　祖福兴　蒋江松　马海峰　黄秀权　李惠酒原　陈国庆
谷　磊　徐耿魁　胡军毅　汪小华　黄明庆　倪德先

参与审查人员： 张光平　顾　群　廖蔚萍　熊　杰　全　渝　余　江　彭　凯
邓志刚　陈　勇

目 次

1 总则 …… 1
2 术语 …… 2
3 基本规定 …… 3
4 码头岸基供电系统 …… 8
5 船岸连接系统 …… 10
6 船舶受电系统 …… 14
7 用电计量、安全防护、通信及接口标准 …… 17
附录 A 常用船舶辅机功率、电压和船舶岸电设施推荐功率表 …… 20
附录 B 船舶岸电系统典型配电方式 …… 22
附录 C 船舶典型配电方式 …… 23
附录 D 码头船舶岸电系统的接地方式 …… 24
附录 E 监测系统功能表 …… 26
附录 F 接口（插头、插座） …… 27
本规范用词用语说明 …… 29
引用标准名录 …… 30
《重庆市码头船舶岸电设施工程技术规范》（CQJTS/T A01—2018）条文说明 …… 31

1　总则

1.0.1　针对重庆市码头大水位差特点，为规范码头船舶岸电设施设计及施工，满足船岸供电安全可靠、技术先进、经济合理和维护方便的要求，制定本规范。

1.0.2　本规范适用于重庆市新建、改建和扩建的集装箱码头、干散货码头、滚装码头和客运码头的船舶岸电设施建设，其他类型码头可参照执行。

1.0.3　码头船舶岸电设施建设必须贯彻安全生产、资源节约和保护环境的方针，同时满足重庆大水位差码头及内河船舶特点。

1.0.4　码头船舶岸电设施建设除应符合本规范外，尚应符合国家和行业现行有关标准的规定。

2 术语

2.0.1 码头船舶岸电设施 shore-to-ship power supply system

向停靠码头的船舶提供电力的供电装置及相应的监控辅助系统，称为码头船舶岸电设施。

2.0.2 码头岸基供电系统 shore power supply system

向码头船舶岸电设施提供电源的供电系统。

2.0.3 船岸连接系统 ship-shore power link system

码头船舶岸电设施的船岸连接部分。

2.0.4 船舶受电系统 alternative marine power system

码头船舶岸电设施的船舶受电部分。

2.0.5 岸电电控箱 shore power supply and control box

为船舶受电系统提供电力传输、自动控制和监控的装置。

2.0.6 垂直升降装置 vertical lifting device

船岸连接系统中承载船舶岸电接插装置垂直升降的装置。

2.0.7 收放缆装置 retractable equipment for cable

为实现船舶供电的收放电缆装置。

2.0.8 导缆装置 fairlead device

船岸连接系统中的电缆导向装置。

2.0.9 船舶岸电接插装置 connector for ship

为到港船舶使用岸电的接插装置。

2.0.10 船舶岸电箱 marine shore power supply box

船舶用于获取岸电的接电箱。

3 基本规定

3.1 一般规定

3.1.1 码头船舶岸电设施应由码头岸基供电系统、船岸连接系统和船舶受电系统三部分组成。

3.1.2 码头岸基供电系统和船岸连接系统的分界点为设置于码头前沿的岸电电控箱，船岸连接系统和船舶受电系统的分界点为船岸连接系统的船舶岸电接插装置处，岸电电控箱和船舶岸电接插装置属于船岸连接系统。

3.1.3 码头船舶岸电设施应根据直立式、斜坡式、浮式等不同码头形式，设置（设计）相应形式的岸电设施。其布置可参照图 3. 1. 3-1 ~ 图 3. 1. 3-4。

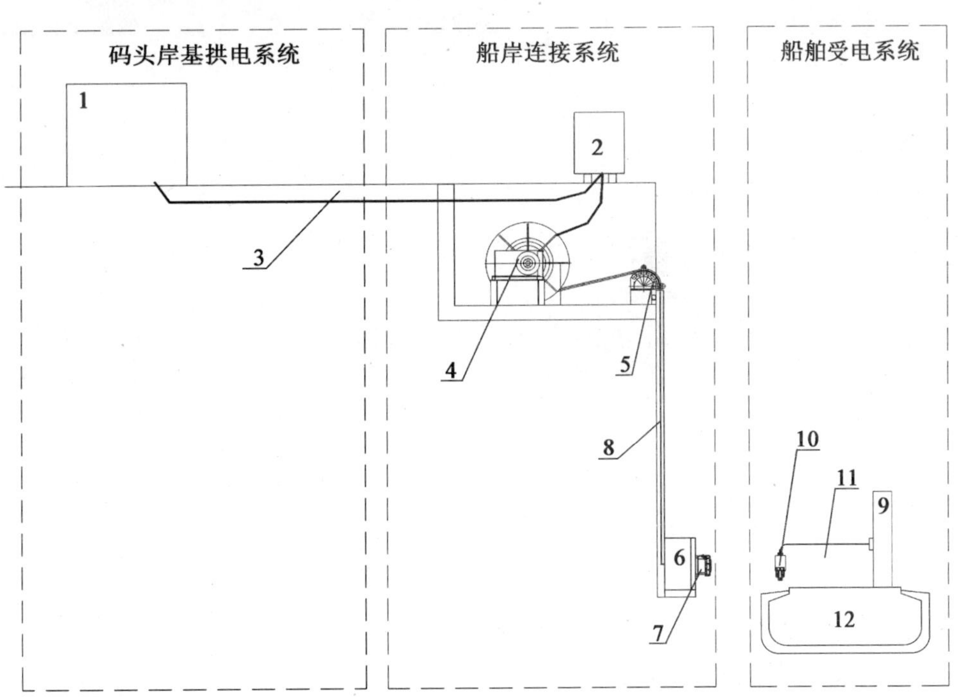

图 3. 1. 3-1　直立式码头岸电设施典型系统组成示意图

1-码头变电所；2-岸电电控箱；3-岸电配电电缆；4-收放缆装置；5-导缆装置；6-垂直升降装置；7-船舶岸电接插装置；8-导轨；9-船舶岸电箱；10-插头；11-上船电缆；12-靠港船舶

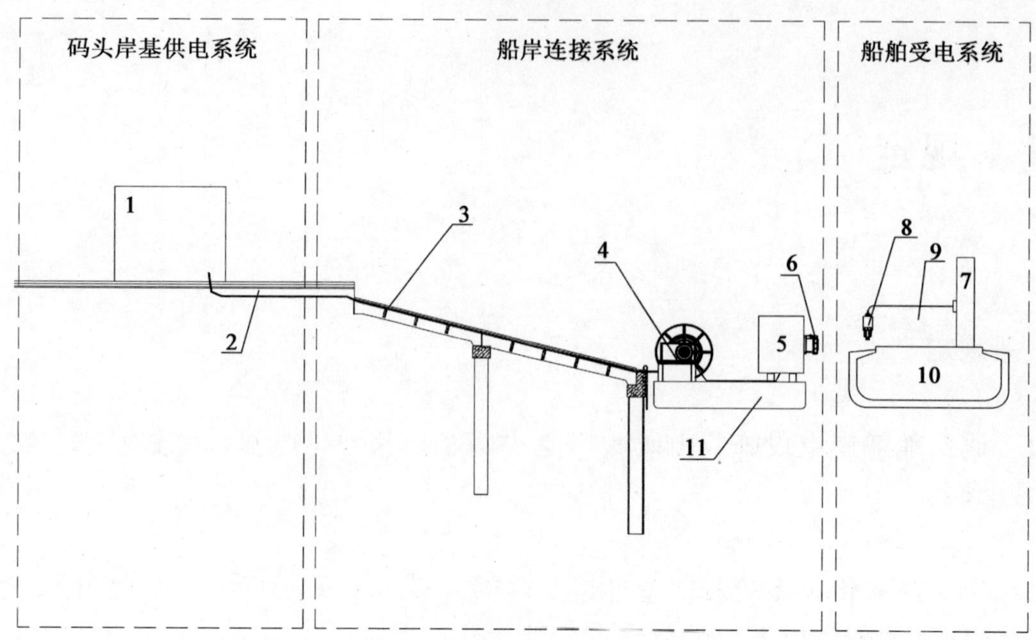

图 3.1.3-2　斜坡式码头（有趸船）岸电设施典型系统组成示意图

1-码头变电所；2-岸电配电电缆；3-斜坡道；4-收放缆装置；5-岸电电控箱；6-岸电接插装置；7-船舶岸电箱；8-插头；9-上船电缆；10-靠港船舶；11-趸船

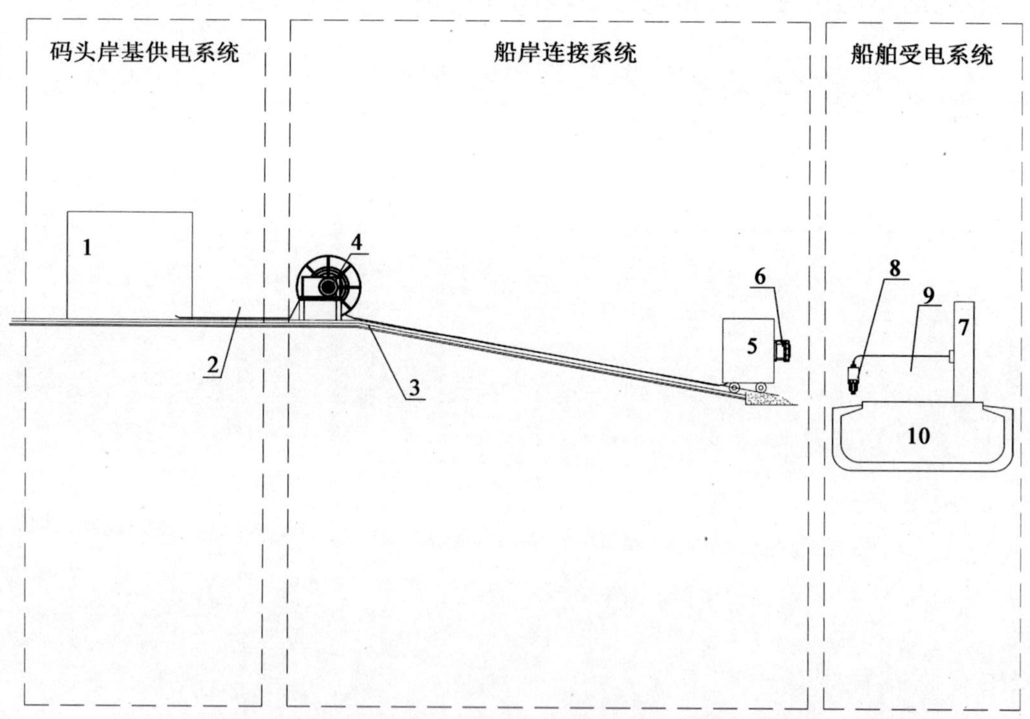

图 3.1.3-3　斜坡式码头（无趸船）岸电设施典型系统组成示意图

1-码头变电所；2-岸电配电电缆；3-斜坡道；4-收放缆装置；5-岸电电控箱；6-岸电接插装置；7-船舶岸电箱；8-插头；9-上船电缆；10-靠港船舶

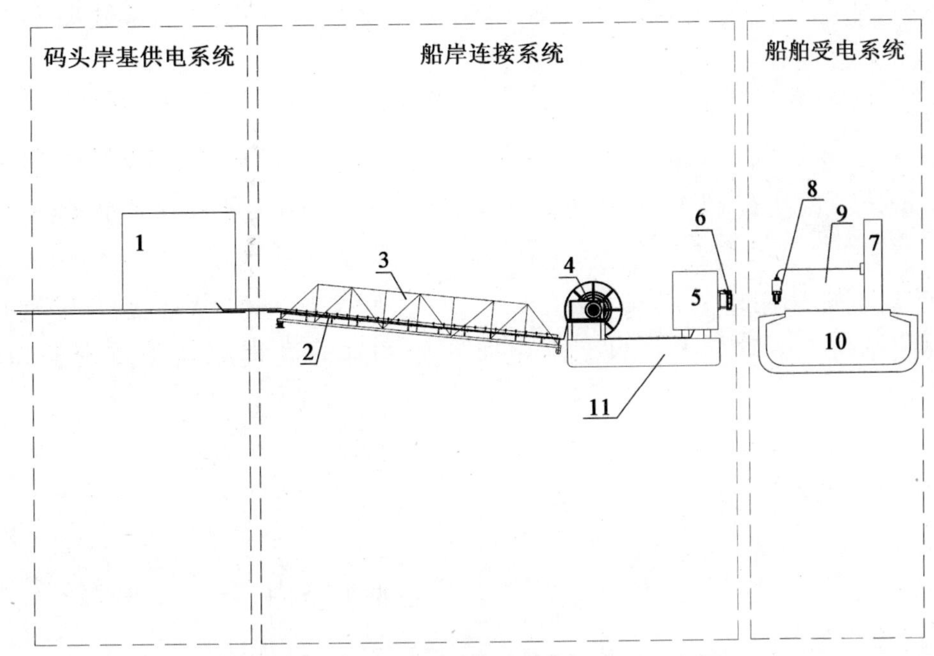

图 3.1.3-4　浮码头岸电设施典型系统组成示意图

1-码头变电所；2-岸电配电电缆；3-钢引桥；4-收放缆装置；5-岸电控箱；6-岸电接插装置；7-船舶岸电箱；8-插头；9-上船电缆；10-靠港船舶；11-趸船

3.1.4　码头船舶岸电设施建设方案应根据港口供电系统、码头生产、船舶作业、码头形式、设计船型等因素合理确定，以便提高船舶岸电设施的通用性和经济性。

3.1.5　码头船舶岸电设施建设应保证生产作业和人员安全，应设置适应大水位差的安全保护装置，应保证岸电设施的应用安全。

3.1.6　码头船舶岸电设施建设应满足性能可靠、系统安全、操作方便的要求，并积极采用成熟的新技术。

3.1.7　码头船舶岸电设施建设应在满足为当前码头靠港船舶提供服务的基础上留有发展余地。

3.1.8　码头船舶岸电设施应设置独立计量系统，系统输出应采用专用回路。对有不间断供电要求的船舶，应设置备用回路。

3.2　岸电设施布置原则

3.2.1　码头船舶岸电设施应根据码头总体要求，结合重庆市大水位差码头特点，综合考虑码头总平面、水工结构和装卸工艺等因素科学合理布置。改建、扩建码头的船舶岸电设施还应考虑原有码头的实际情况。

3.2.2 码头船舶岸电设施布置不得妨碍码头正常生产作业、不得阻碍码头交通，并应保证消防通道畅通。

3.2.3 码头船舶岸电设施的布置和数量应与码头建设规模、靠港船舶类型和用电容量相适应，新建、改扩建码头每个泊位至少应设置一套码头船舶岸电设施。

3.2.4 针对船舶用岸电需求较大的码头，可将码头岸基供电系统的变配电所设置于距离岸电电控箱较近的陆地上，且变配电所所处的地坪高程应高于重现期50年一遇高水位以上0.5m。

3.3 供电电源及容量

3.3.1 码头船舶岸电设施的供电电源主要应包括如下内容：

1 船舶用电需求；

2 预期短路电流；

3 接地方式；

4 电能质量；

5 通信。

3.3.2 船舶岸电设施用电容量应能满足靠泊船舶的生活、生产用电及岸电系统自身用电需要。

3.3.3 船舶岸电设施供电应保证可靠性，应由专用回路向靠港船舶供电。

3.3.4 码头船舶岸电设施继电保护应依据合理的运行方式和可能的故障类型进行设计，并应满足《电力装置的继电保护和自动装置设计规范》（GB/T 50062）的有关规定。

3.4 岸电接口

3.4.1 船舶岸电接插装置所设置的插座应满足不同吨位级别船舶的供电需求。

3.4.2 船舶岸电接插装置应安全可靠，连接及维护方便。

3.5 岸电电控箱

3.5.1 岸电电控箱防护等级不得低于IP55。

3.5.2 岸电电控箱的选择应考虑工作现场的环境条件。

3.5.3 岸电电控箱的布置应考虑水位变化的影响。

3.5.4 岸电电控箱箱体应设置防触电设施，并应可靠接地。

3.5.5 船舶岸电设施应设置排水设施。

3.5.6 岸电电控箱应具备带电显示功能和报警功能，箱内宜预留光纤接口。

3.6 其他

3.6.1 码头船舶岸电设施信息管理系统应采用分层分布式网络结构，通信网络宜采用内嵌式光缆。

3.6.2 码头船舶岸电设施监控系统宜纳入到港区电力监控系统。

3.6.3 码头船舶岸电系统应设置急停系统，并符合本规范第7章的有关规定。

3.6.4 码头岸基供电系统、船岸连接系统、船舶受电系统线制应一致。

4　码头岸基供电系统

4.1　电压及频率

4.1.1　码头船舶岸电设施供电电压和频率应符合表4.1.1的规定。

表4.1.1　系统输入、输出电压和频率

供电方式	输入侧		输出侧	
	电压（V）	频率（Hz）	电压（V）	频率（Hz）
低压上船	400	50	400	50

4.2　用电负荷

4.2.1　码头船舶岸电设施供电能力应根据码头类型、船舶吨级、船舶用电设备特性和供电距离等因素确定，并应考虑运行安全、电网现状、发展规划、经济效益和社会效益等因素。

4.2.2　码头船舶岸电系统负荷估算应考虑靠港船舶辅机功率，可采用需要系数法或利用系数法确定。靠港船舶辅机功率应根据码头设计船型和兼顾船型综合确定。常用船舶辅机功率值可参照附录A取用。

4.2.3　单泊位船舶岸电系统的容量应根据泊位最大允许靠港船舶的单台辅机功率确定，多泊位船舶岸电系统负荷应综合考虑船舶岸电系统的泊位利用率。

4.3　电能质量

4.3.1　码头船舶岸电设施供电电源的电压、频率应满足表4.3.1的要求。

表4.3.1　供电电源的电压、频率

电源参数	稳态	瞬态	
	（%）	（%）	不应大于恢复时间（s）
电压	+6～-10	±20	1.5
频率	±2	±10	5

4.3.2 码头船舶岸电设施供电电源的谐波成分不大于5%。

4.4 码头岸基供电系统组成

4.4.1 码头岸基供电系统应由变压器、高压柜、低压柜、电缆等设备组成。

4.4.2 变压器、高压柜、低压柜等设备应符合《电力变压器选用导则》（GB/T 17468）、《3.6kV～40.5kV 交流金属封闭开关设备和控制设备》（GB 3906）、《低压成套开关设备和控制设备 第1部分：总则》（GB 7251.1）等国家及行业标准的有关规定。

4.5 电缆

4.5.1 电缆敷设路径应符合《电力工程电缆设计规范》（GB 50217）的有关规定，并考虑电缆压降等因素。

4.5.2 电缆的选用应符合下列规定：

1 直立式码头：由变配电所引至码头前沿的岸电电控箱之间的电缆，宜与港区内配电电缆型号保持一致。

2 斜坡码头及浮码头：陆域前沿设置岸电电控箱的，岸电电控箱之前电缆宜与港区内负荷配电电缆保持一致，岸电电控箱之后的电缆，应采用船用电力软电缆或重型橡套电缆。陆域前沿未设置岸电电控箱的，岸电供电电缆应全部采用船用电力软电缆或重型橡套电缆。

4.6 供电方式

4.6.1 码头船舶岸电系统供电方式可采用放射式、组合式或树干式，典型供电方式可参照附录B执行。

5 船岸连接系统

5.1 船岸连接系统组成

5.1.1 直立式码头船岸连接系统宜由岸电电控箱、收放缆装置、导缆装置、垂直升降装置、船舶岸电接插装置、导轨、电缆等组成。

5.1.2 斜坡码头及浮码头船岸连接系统宜由岸电电控箱、收放缆装置、船舶岸电接插装置、电缆等组成。

5.2 船岸连接系统布置

5.2.1 船岸连接系统宜设置在每个泊位的下游侧，靠近船舶岸电箱。

5.2.2 直立式码头船岸连接系统主体部分应布置在码头前沿，不得影响码头船舶靠港、系缆及装卸作业。

5.2.3 斜坡码头及浮码头船岸连接系统布置应符合下列规定：

1 设有趸船时，船岸连接系统的主体部分宜布置在趸船上。

2 不设趸船时，船岸连接系统的布置应根据码头平面布置及船舶靠港方式综合确定。

5.3 岸电电控箱

5.3.1 岸电电控箱应具备向收放缆装置及船舶供电的功能；应具有运行状态监控、电能计量、装置紧急停止等控制功能，应同时具有人工和自动两种操作模式。

5.3.2 安装在室外的岸电电控箱的防护等级不得低于IP55。

5.3.3 岸电电控箱的壳体结构应具有足够的机械强度。

5.3.4 岸电电控箱线制与船舶配电系统线制应一致。

5.3.5 岸电电控箱应设置检查岸电电源与船舶配电系统相序（三相交流）匹配的装置，该装置应具有相序保护功能。

5.3.6 岸电电控箱的主开关应采用带隔离功能的断路器，其额定容量应满足船舶用电负荷的1.2~1.5倍。

5.3.7 直立式码头应在垂直升降装置内设置供船舶接地的专用螺柱，斜坡式及浮码头应在岸电电控箱内设置供船舶接地的专用螺柱，并设有接地标识。

5.3.8 岸电电控箱的金属外壳应可靠接地。

5.4 垂直升降装置

5.4.1 垂直升降装置应保证船舶岸电接插装置始终处于不被水淹没的安全范围内。

5.4.2 垂直升降装置应具有适应大水位差的自动升降功能。

5.4.3 垂直升降装置应具有应急手动升降功能，并满足调整垂直升降装置到允许范围内任何高度的要求。

5.4.4 垂直升降装置可采用带水位定位传感器系统的滑移小车形式或带定位导向的浮筒形式。

5.5 收放缆装置

5.5.1 收放缆装置应充分考虑码头结构形式、水位变化等的影响，并应符合下列规定：

1 直立式码头收放缆装置应布置在设计高水位以上。

2 斜坡式码头及浮码头有趸船时，收放缆装置宜设置于趸船上；无趸船时，收放缆装置应根据水位变化设置，不得被水淹没。

5.5.2 收放缆装置安放平台应充分考虑检修、维护方便，并设置栏杆、踏步等设施。

5.5.3 电缆卷筒应满足最大水位落差所需电缆长度的容量，并设置终点保护装置，运动至极限位置时，电缆卷筒应至少保留两圈电缆的富余量。

5.5.4 收放电缆的线速度应与水位变化速度同步，并保持收缆张力恒定。

5.5.5 电缆卷筒应根据容量及电缆型号规格选定，并保证电缆长期工作在额定的抗拉强度和弯曲半径指标内。

5.6 导缆装置

5.6.1 导缆装置宜结构简单，强度高，转动灵活。

5.6.2 导缆装置的电缆滚轮宜具有自润滑性和高耐磨性。

5.7 船舶岸电接插装置

5.7.1 船舶岸电接插装置应在垂直升降装置临江侧设置，其距离水面高度按式（5.7.1）确定：

$$H = D + d \tag{5.7.1}$$

式中：H——船舶岸电接插装置中心点距离水面的高度（m）；

D——船舶干舷高度（m）；

d——船舶岸电接插装置中心点距离船舶甲板面的高度（m），可取0.6m～1.5m，满载吃水取高值，空载吃水取低值。

5.7.2 船舶岸电接插装置的防护等级不得低于IP65。

5.7.3 船舶岸电接插装置与码头岸基供电系统电压等级应一致，额定承载电流应取单台辅机最大工作电流的1.2～1.5倍。

5.7.4 船舶岸电接插装置应设有机械联锁等辅助装置。

5.7.5 船舶岸电接插装置应设有接地辅助触点和电源联锁触点。接插件的形式应确保接地极先接插，电源联锁触点后接插。

5.7.6 大载流量可考虑多回路供电，多回路输出电源应与船舶配电系统相序一致。

5.7.7 船舶岸电接插装置的接线端子应与连接额定载流量线径的电缆匹配，并兼容小于额定载流量线径的电缆。

5.7.8 船舶岸电接插装置端宜选用插座形式，船舶受电端宜选用插头形式，并应满足以下要求：

1 插头和插座应具有防止误插的定位键。

2　插座应与机械联锁机构配合，并保证插头插拔时不带电。

3　电极基座应具有耐高温、高绝缘、高机械强度的性能。

4　应设置应力检测及防脱落装置。

5.8　电缆

5.8.1　电缆应选用船用柔性电缆或重型橡套电缆。

5.8.2　电缆额定载流量应取回路最大工作电流的1.2～1.5倍。

5.8.3　电缆应设有防止机械损伤的措施。

5.8.4　电缆与接线端子连接应牢固可靠。

6 船舶受电系统

6.1 船舶受电系统组成

6.1.1 船舶受电系统应由船舶岸电箱、上船电缆、插头及船舶主配电板等组成。

6.2 船舶岸电箱

6.2.1 船舶岸电箱应为船检机构认可的船用产品。

6.2.2 船舶岸电箱应具有下列设施：

1 用于连接上船电缆的螺柱和将船体与地（岸地或N线）相连的接地螺柱；
2 检查岸电系统与船舶配电系统相序一致性的装置；
3 用于岸电系统对船上电气设备供电时的过载和短路保护的断路器；
4 标明型号、额定电压及频率（交流）的铭牌。

6.2.3 船舶岸电箱安装在室外时，其防护等级不得低于IP55。

6.2.4 船舶岸电箱的壳体宜为钢质，结构强度应具有抗外力破坏的能力。

6.2.5 船舶岸电箱内的连接电线应采用CBVR的船舶电线。

6.2.6 船舶岸电箱壳体应设有接地螺柱，接地螺柱应采用铜或其他耐腐蚀良导体制成，螺柱直径应不小于表6.2.6的规格，并设有接地标识。

表6.2.6 船舶岸电箱壳体接地螺柱规格

岸电箱额定电流（A）	接地螺柱直径（mm）
100	6
225	8
400、600	10

6.3 插头

6.3.1 船舶受电系统接口宜选用插头形式。

6.3.2 插头应保证与插座正确连接，不能带电插拔。

6.3.3 插头的电极基座应具有耐高温、高绝缘、高机械强度的性能。

6.3.4 插头的防护等级不得低于 IP65。

6.4 电缆

6.4.1 电缆应选用船用柔性电缆或重型橡套电缆。

6.4.2 电缆应设有防止机械损伤的保护措施。电缆的收放、敷设及紧固应保证电缆的接线端头不承受拉应力。

6.4.3 电缆与接线端子连接应牢固可靠，选用的接线端子应与电缆线径相匹配。

6.5 其他

6.5.1 船舶应设有将船体与岸地相连接的设施，船岸接地应符合下列规定：

1 船舶岸电箱等设备的金属外壳应可靠接地。

2 由岸上交流三相三线绝缘系统供电时，应设置船体与岸地相连接的设施。船体接地保护连接的铜导线截面积不得小于 $16mm^2$，岸地接地电阻不得大于 4Ω。

3 船舶采用三相四线制或利用船体作中性线回路的配电系统，船体与岸地的接地线截面积应与相关载流导体截面积一致。

6.5.2 船舶配电板上应设有岸电供电的指示灯。

6.5.3 岸电电控箱与船舶岸电箱之间应设有通信设施。

6.5.4 码头岸基供电系统与船舶电力系统之间的负载转移可通过断电或短时并联方式进行，并应符合下列规定：

1 采用断电方式进行负载转移时，应采取措施避免船舶发电机（包括应急发电机）和岸电同时供电。

2 采用短时并联方式进行负载转移时，在负载安全转移的前提下，短时并联运行的时间应尽可能短。

6.5.5 码头岸基供电系统供电期间，船舶配电系统中任何安装点的预期短路电流不得超过该点断路器的短路分断和接通能力。

6.5.6 船舶配电方式可采用馈线式、环路式、干线式、棋盘式、两舷供电式或混合式，采用较多的是馈线式和环路式。典型配电方式可参照附录C执行。

7 用电计量、安全防护、通信及接口标准

7.1 用电计量

7.1.1 码头船舶岸电设施的计量宜具备现场抄表及远程智能抄表的功能。

7.1.2 码头船舶岸电设施的计量装置应符合《电力装置测量仪表装置设计规范》(GB/T 50063)、《电能计量装置技术管理规程》(DL/T 448) 和《多功能电能表通信协议》(DL/T 645) 等国家及行业相关标准规定。

7.1.3 码头船舶岸电设施的计量装置宜设置在输出侧。采用树干式配电方式时，输出侧计量应分回路设置，并应满足《电气装置安装工程 盘、柜及二次回路结线施工及验收规范》(GB 50171) 的有关规定。

7.2 安全防护

7.2.1 码头船舶岸电设施的室外设备防护等级不得低于 IP55，室内设备防护等级不得低于 IP22。

7.2.2 码头船舶岸电设施的高压开关柜宜选用封闭式金属柜体，并应具备五防（防止带负荷合闸、防止带接地线合闸、防止误入带电间隔、防止带电挂接地线、防止带负荷拉刀闸)、三遥（遥控、遥信、遥测）功能。

7.2.3 码头船舶岸电设施的高压开关柜应满足继电保护、控制等配置要求及二次回路的要求，并应满足《电力装置的继电保护和自动装置设计规范》(GB/T 50062) 的有关规定。

7.2.4 码头船舶岸电设施低压开关柜的结构和安装应保证操作人员的安全，并应便于操作、维护、巡视、维修和试验。

7.2.5 码头船舶岸电设施应具备过电压保护功能，并满足《交流电气装置的过电压

保护和绝缘配合设计规范》（GB/T 50064）的有关规定。

7.2.6 码头船舶岸电设施应设置电隔离装置。

7.2.7 码头船舶岸电设施的接地系统应符合下列规定：

1 低压配电接地宜采用IT方式（附录D图D.0.1），也可选用经过隔离变压器的TN-S方式（附录D图D.0.2），并满足《交流电气装置的接地设计规范》（GB/T 50065）的有关规定。

2 火灾危险区域设置的码头船舶岸电设施应增设绝缘检测功能，并满足《爆炸危险环境电力装置设计规范》（GB 50058）的有关规定。

7.2.8 码头船舶岸电设施应设置急停系统。急停系统应符合下列规定：

1 急停系统的启动条件、操作方法应明确标示。

2 急停系统动作应设置手动方式和自动方式；急停系统复位应手动操作。

3 急停信号应采用硬连线。

7.2.9 码头船舶岸电设施的机械部分应满足《机械安全　设计通则　风险评估与风险减小》（GB/T 15706）和《机械安全　带防护装置的联锁装置设计和选择原则》（GB/T 18831）的要求。

7.2.10 码头船舶岸电设施的垂直升降装置应采取防坠落、防卡死措施。

7.2.11 周期性供电测试应在设备正常使用每满12个月或停止3个月后再次使用前进行，检测包括目视、绝缘检测、接地检测、主要设备性能检测、耐压试验、装置安全运行联调测试。

7.3 信息管理系统

7.3.1 码头船舶岸电设施信息管理系统宜采用分层分布式网络结构，分为通信、控制、计量采集、监控等系统。

7.3.2 信息管理系统的建设应考虑环境的干扰，通信网络宜采用内嵌式光缆。

7.3.3 码头船舶岸电设施监控系统应纳入到港区电力监控系统，监控系统功能可参照附录E执行。

7.3.4 码头船舶岸电设施作业区域可设置视频监控系统。

7.3.5 信息管理系统应具有其他管理系统接入的软硬件接口，应能支持通用的通信接口和协议。

7.3.6 监控系统终端应有专人值守。

7.4 接口标准

7.4.1 码头船舶岸电设施的船岸连接接插装置的插头、插座技术参数应满足《工业用插头插座和耦合器》（GB/T 11918）的要求。

7.4.2 插头、插座形式还应满足《港口船舶岸基供电系统技术条件 第2部分：低压上船》（JT/T 814.2）的要求，其接口标准应统一，以便码头通用。接插装置的形式可参见附录F。

附录A 常用船舶辅机功率、电压和船舶岸电设施推荐功率表

A. 0. 1 集装箱船舶辅机功率、电压和船舶岸电设施推荐功率可参照表A. 0. 1。

表A. 0. 1 集装箱船舶辅机功率和电压

序号	船舶吨位DWT（t）	载箱量区间（TEU）	辅机功率（kW）	辅机发电电压（V）	船舶岸电设施推荐功率（kW）
1	1 000（1 000～2 500）	≤200	100	400	50
2	3 000（2 501～4 500）	201～260	150/158	400	90
3	5 000（4 501～7 500）	261～440	192/190/250	400	150

A. 0. 2 干散货船舶辅机功率、电压和船舶岸电设施推荐功率可参照表A. 0. 2。

表A. 0. 2 干散货船舶辅机功率和电压

序号	船舶吨位DWT（t）	辅机功率（kW）	辅机发电电压（V）	船舶岸电设施推荐功率（kW）
1	1 000（1 000～2 500）	50～100	400	50
2	3 000（2 501～4 500）	150～170	400	90
3	5 000（4 501～7 500）	250	400	150

A. 0. 3 滚装泊位船舶辅机功率、电压和船舶岸电设施推荐功率可参照表A. 0. 3。

表A. 0. 3 滚装泊位船舶辅机功率和电压

序号	船舶吨位DWT（t）	载箱量区间（车）	辅机功率（kW）	辅机发电电压（V）	船舶岸电设施推荐功率（kW）
1	汽车滚装船	800	150	400	100

A. 0. 4 邮轮船舶辅机功率、电压和船舶岸电设施推荐功率可参照表A. 0. 4。

表 A. 0. 4　邮轮船舶辅机功率和电压

序号	船舶吨位 DWT （t）	辅机功率 （kW）	辅机发电电压 （V）	船舶岸电设施推荐 功率（kW）
1	10 000	550	400	550
2	除黄金系列其他邮轮 （新世纪）	400	400	400

附录 B　船舶岸电系统典型配电方式

B. 0. 1　船舶岸电系统典型配电方式可参照图 B. 0. 1。

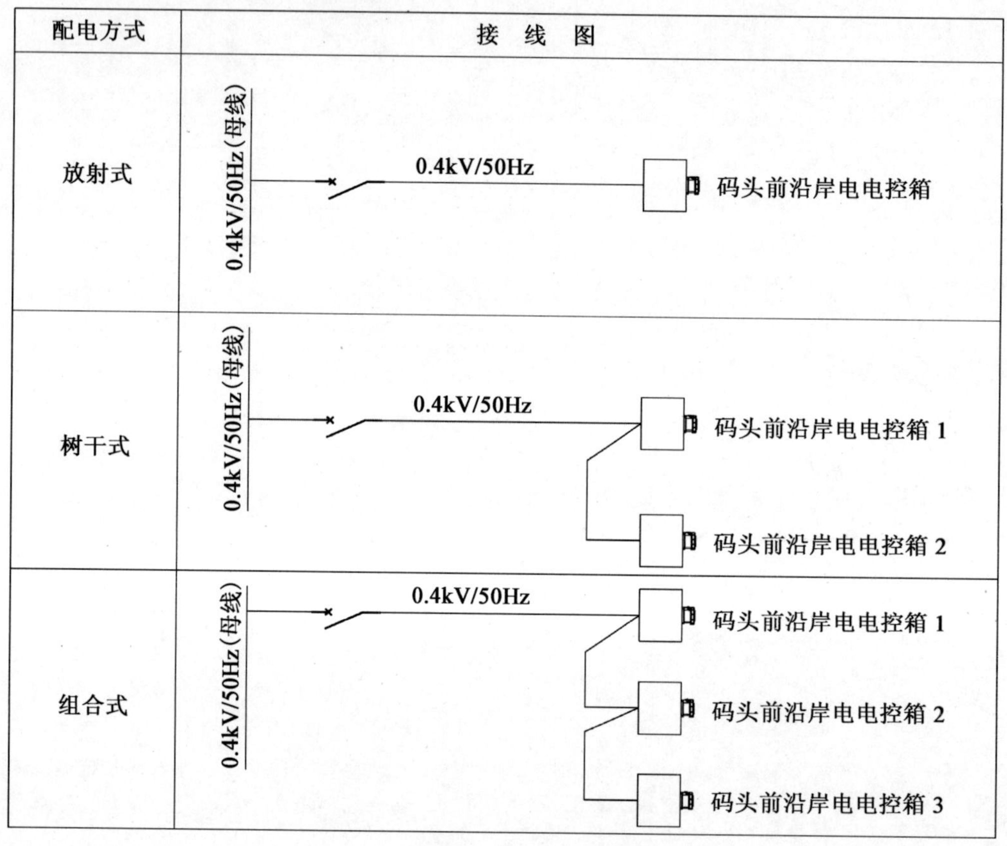

图 B. 0. 1　船舶岸电系统典型配电方式

附录 C　船舶典型配电方式

C.0.1　船舶馈线式配电方式可参照图 C.0.1。

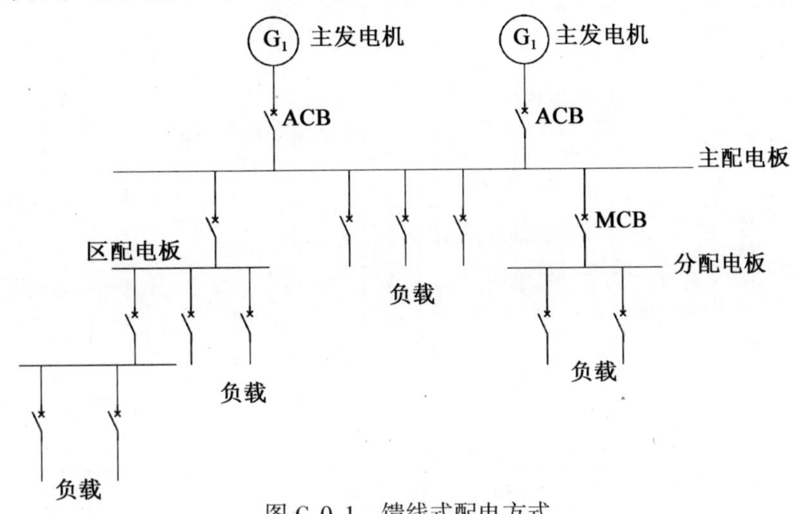

图 C.0.1　馈线式配电方式

C.0.2　船舶环路式配电方式可参照图 C.0.2。

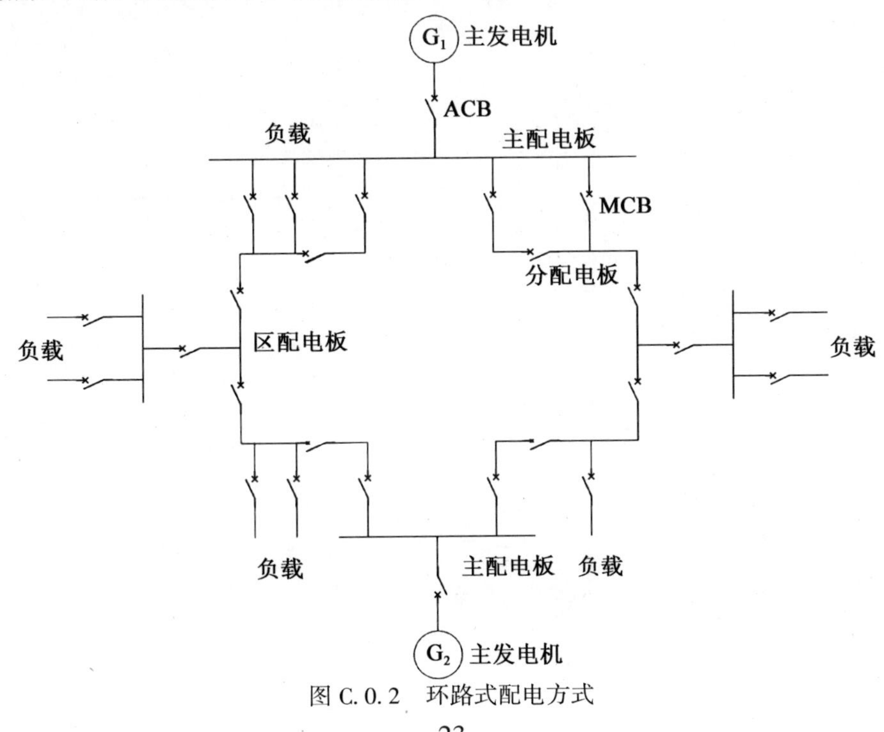

图 C.0.2　环路式配电方式

附录 D　码头船舶岸电系统的接地方式

D. 0. 1　码头船舶岸电 IT 接地系统可参照图 D. 0. 1。

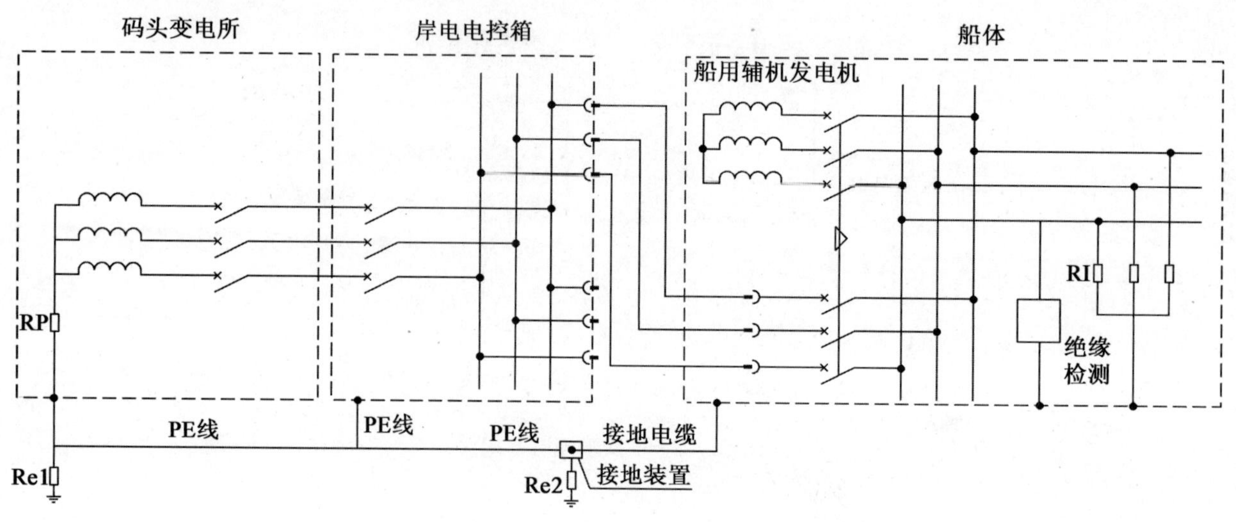

a)阻抗接地IT系统示意图

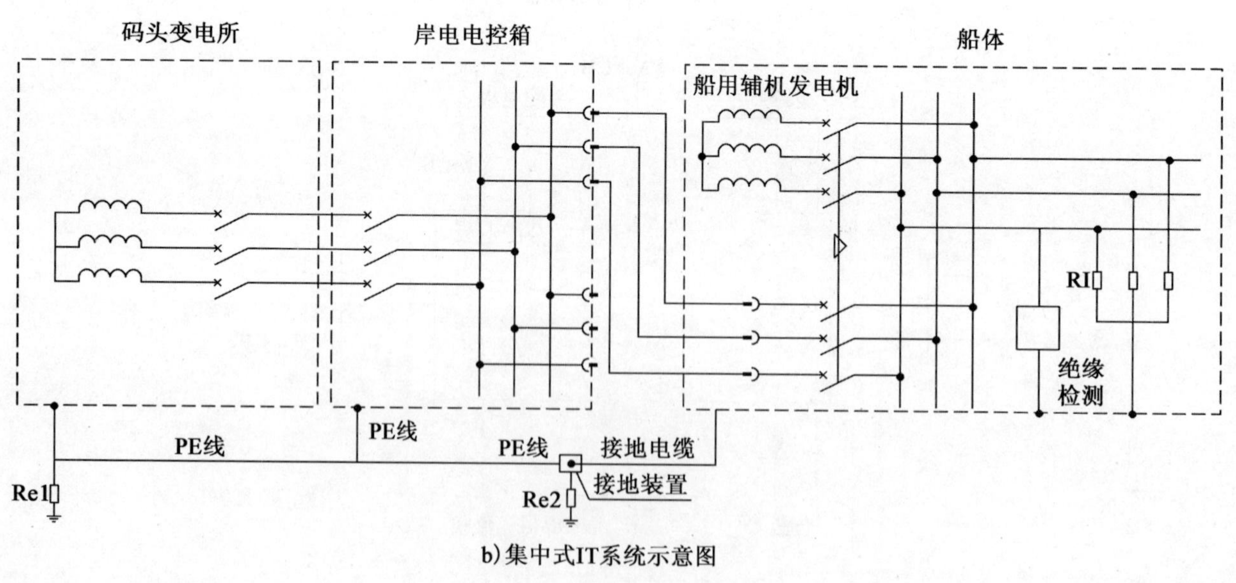

b)集中式IT系统示意图

D. 0. 1

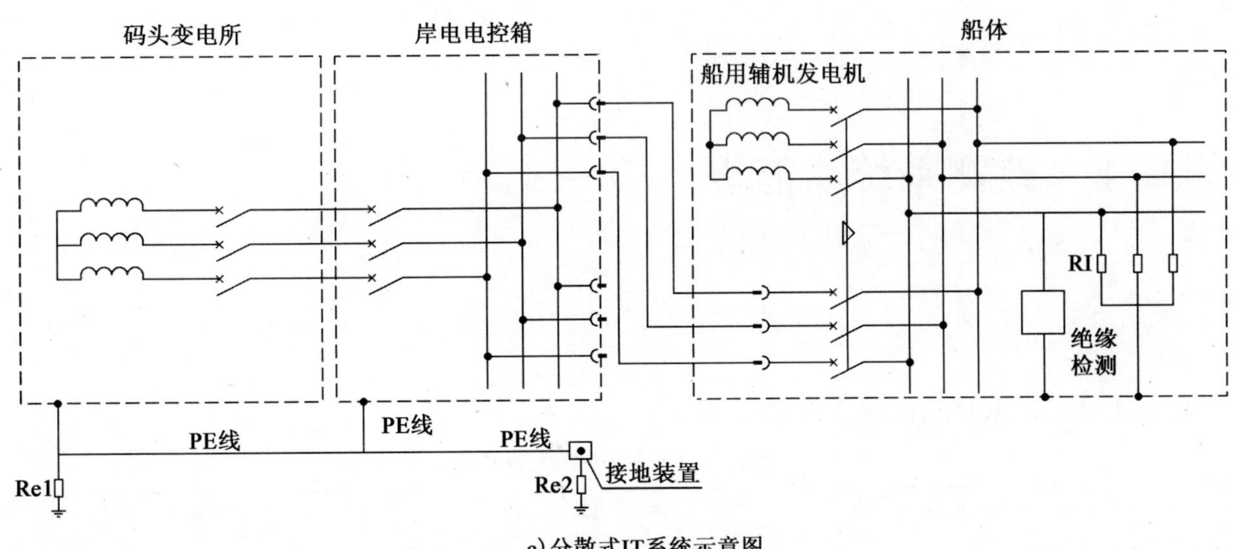

c) 分散式IT系统示意图

D. 0. 1　码头船舶岸电 IT 接地系统示意图

D. 0. 2　码头船舶岸电 TN-S 接地系统可参照图 D. 0. 2。

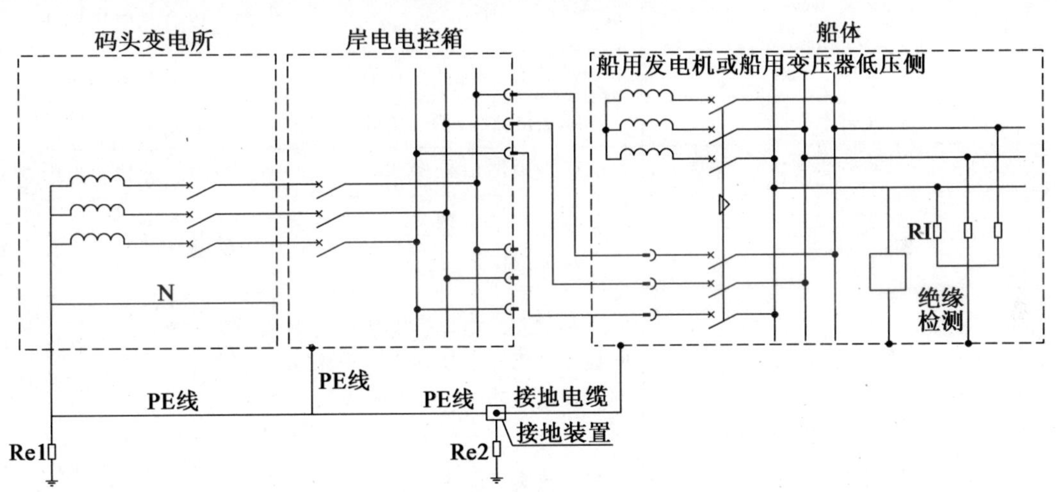

D. 0. 2　码头船舶岸电 TN-S 接地系统示意图

附录E　监测系统功能表

E.0.1　监测系统功能可参照表E.0.1。

表E.0.1　监测系统功能表

序号	设备名称	测量	检测报警
1	高压开关柜	开关状态、电流、电压、功率因数频率、有功功率、无功功率、有功电度、无功电度	过流、过压、速断、零序过电流、零序过电压、欠压
2	变压器	温度	高温报警、超温跳闸、风机状态、故障、柜门打开
3	低压开关柜	开关状态、电流、电压	过流、过压、速断、接地
4	岸电电控箱	电缆连接就绪、紧急断开、接地	带电显示、故障、箱门打开
5	收放缆装置	收、放电缆信号	故障、过载、力矩过大
6	控制系统	位置定位传感器、空开、接触器、过流继电器	故障、过载、过流、超限位
7	船舶主配电屏	开关状态、电流、电压、功率因数、频率、有功功率、无功功率、发电机功率、发电机状态	过流、过压、短路、欠压、断相、过频、欠频逆功率
8	船舶岸电箱	开关状态、电压、电流、接地	过流、过压、速断、接地、带电显示

附录 F　接口（插头、插座）

F. 0. 1　港口船舶岸基供电系统低压插头可参照图 F. 0. 1。

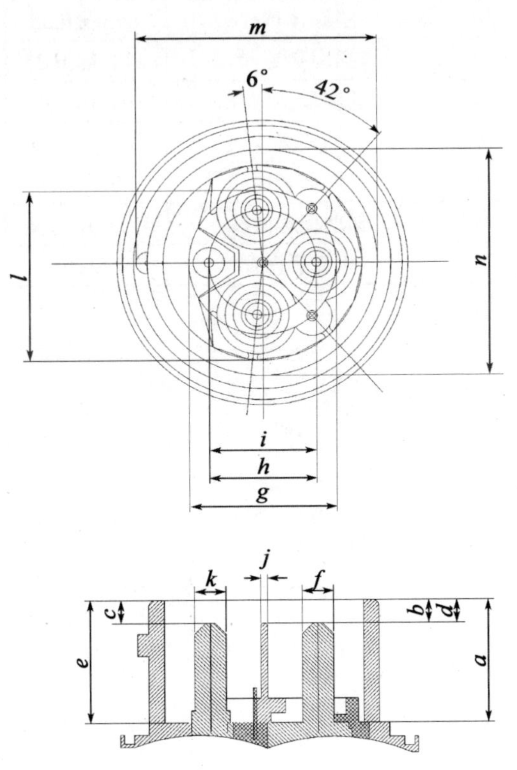

单位为毫米

代号	名　　称	尺寸
a	绝缘板定位台阶深度	64.0±0.25
b	相插销接触深度	10.5±0.25
c	接地插销深度	10.5±0.25
d	辅助插销接触深度	10.5±0.25
e	插合深度	56.0±0.25
f	相插销直径	$14.00^{0}_{-0.05}$
g	辅助插销直径	$3.00^{0}_{-0.05}$
h	接地插销直径	$14.00^{0}_{-0.05}$
i	相插销分布圆位置	48.0±0.25
j	辅助插销分布圆位置	65.8±0.25
k	接地插销分布圆位置	48.0±0.25
l	绝缘直径	89.0±0.25
m	插头加导向	108.0±0.25
n	插头最小直径	103.0±0.25

图 F. 0. 1　港口船舶岸基供电系统低压插头

F. 0. 2 港口船舶岸基供电系统低压插座可参照图 F. 0. 2。

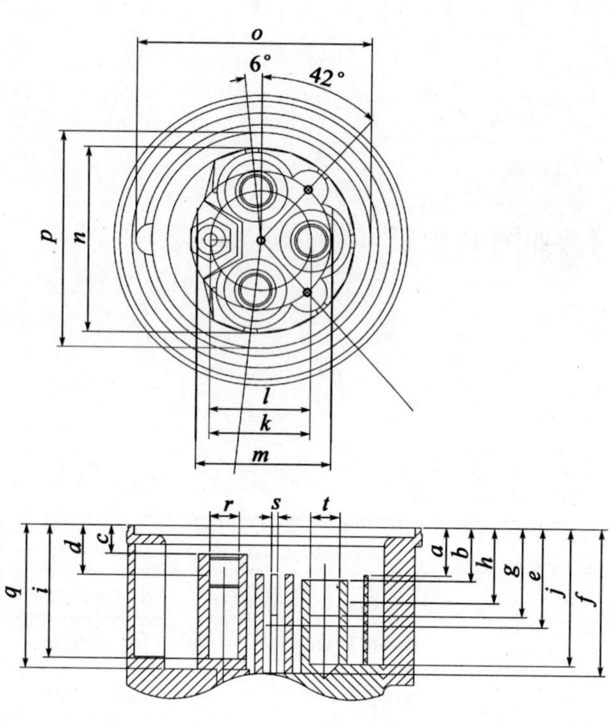

单位为毫米

代号	名　称	尺寸
a	绝缘板上端	23.0±0.25
b	相插套顶端	25.2±0.25
c	接地插套顶端	13.5±0.25
d	接地插套接触深度	23.7±0.25
e	辅助插套接触深度	47.7±0.25
f	辅助插套顶端	70.5±0.25
g	相插套顶端	42.5±0.25
h	相插套接触深度	36.0±0.25
i	接地插套内底部	64.0±0.25
j	绝缘体内底部	66.0±0.25
k	相插套分布圆直径	48.0±0.25
l	接地插套分布圆直径	48.0±0.25
m	辅助插套分布圆直径	66.6±0.25
n	绝缘体直径	89.0±0.25
o	插座和导向	111.5±0.25
p	插座最小内径	104.0±0.25
q	插合深度	69.0±0.25
r	接地插套内径	$14.0_{0}^{+0.10}$
s	辅助插套内径	$3.0_{0}^{+0.10}$
t	相插套内径	$14.0_{0}^{+0.10}$

图 F. 0. 2　港口船舶岸基供电系统低压插座

本规范用词用语说明

1 为便于在执行本规范条文时区别对待，对要求严格程度不同的用词说明如下：

1）表示很严格，非这样做不可的：

正面词采用“必须”，反面词采用“严禁”；

2）表示严格，在正常情况均应这样做的：

正面词采用“应”，反面词采用“不应”或“不得”；

3）表示允许稍有选择，在条件许可时首先应这样做的：

正面词采用“宜”，反面词采用“不宜”；

4）表示有选择，在一定条件下可以这样做的，采用“可”。

2 条文中指明应按其他有关标准执行的写法为：“应符合……的规定”或“应按……执行”。

引用标准名录

《码头船舶岸电设施建设技术规范》（JTS 155）
《静止式岸电装置》（GB/T 25316）
《船舶高压岸电系统检验原则》（中国船级社）
《港口船舶岸基供电系统操作技术规程　第2部分：低压上船》（JT/T 815.2）
《港口船舶岸基供电系统技术条件　第2部分：低压上船》（JT/T 814.2）
《电气装置安装工程　电气设备交接试验标准》（GB 50150）
《电气装置安装工程　电缆线路施工及验收规范》（GB 50168）
《电气装置安装工程　高压电器施工及验收规范》（GB 50147）
《钢质内河船舶建造规范》（中国船级社）
《高压岸电连接系统（HVSC系统）用插头、插座和船用耦合器》（GB/T 30845）
《内河船舶法定检验技术规范》（2016年版）
《港口岸电船舶受电设施建设指南》（2017年版）
《供配电系统设计规范》（GB 50052）
《电力变压器选用导则》（GB/T 17468）
《3.6kV～40.5kV交流金属封闭开关设备和控制设备》（GB 3906）
《低压成套开关设备和控制设备　第一部分：总则》（GB 7251.1）
《河港工程总体设计规范》（JTJ 212）
《工业用插头插座和耦合器》（GB/T 11918）
《电力装置测量仪表装置设计规范》（GB/T 50063）
《电能计量装置技术管理规程》（DL/T 448）
《多功能电能表通信协议》（DL/T 645）
《电气装置安装工程　盘、柜及二次回路结线施工及验收规范》（GB 50171）
《电力装置的继电保护和自动装置设计规范》（GB/T 50062）
《交流电气装置的过电压保护和绝缘配合设计规范》（GB/T 50064）
《交流电气装置的接地设计规范》（GB/T 50065）
《爆炸危险环境电力装置设计规范》（GB 50058）
《机械安全　设计通则　风险评估与风险减小》（GB/T 15706）
《机械安全　带防护装置的联锁装置设计和选择原则》（GB/T 18831）

重庆市交通行业推荐性标准

《重庆市码头船舶岸电设施工程技术规范》

（CQJTS/T A01—2018）

条 文 说 明

目　次

3　基本规定……………………………………………………………………………… 33
4　码头岸基供电系统…………………………………………………………………… 34
5　船岸连接系统………………………………………………………………………… 35
6　船舶受电系统………………………………………………………………………… 37
7　用电计量、安全防护、通信及接口标准…………………………………………… 38
附录A　常用船舶辅机功率、电压及船舶岸电设施推荐功率表 …………………… 39

3 基本规定

3.1 一般规定

3.1.1 由于重庆市码头具有水位差大、形式多样等特点，码头船舶岸电设施的船岸连接部分较为复杂，故本规范将船岸连接系统作为岸电设施的独立部分进行规定，根据相对独立的功能部位，将岸电电控箱之前的部分定义为码头岸基供电系统，船舶岸电接插装置之后的部分，定义为船舶受电系统。

3.1.7 根据调研，大部分船舶采用单回路供电即可满足使用要求。但考虑到部分船舶有不间断电源需求，在条件许可时，设置备用回路提供电源。

3.2 岸电设施布置原则

3.2.3 为方便船舶接驳岸电，保障靠港船舶使用岸电，根据已建岸电工程使用经验，规定每单个泊位至少应布置 1 套岸电设施。

3.4 岸电接口

3.4.1 综合考虑靠港船舶的船型吨级和接口多样化，船舶岸电接插装置宜设置一组插座，一般由 2 ~ 3 个插座组成，以兼容不同船舶的供电需求。

4 码头岸基供电系统

4.1.1 根据实际调研情况，现有内河船舶受电端基本为低压模式，电压400V，频率为50Hz，因此船舶岸电输出侧电压为400V，频率50Hz。目前重庆市单泊位靠港船型最大辅机功率约为550kW，换算为视在功率小于630kVA，符合交通运输部标准《码头船舶岸电设施建设技术规范》（JTS 155）4.2.4条中规定的“供电容量小于630kVA时，可采用低压供电方式”；因此，重庆市码头船舶岸电上船方式采用低压是合适的。另外，由于重庆市码头形式多样，尤其是斜坡式码头，高压上船存在较大的安全风险，故本规范不推荐采用高压上船。

4.1.2 本条是针对用电需求较大的码头，减少电缆压降损失所采取的措施。

5 船岸连接系统

5.2 船岸连接系统布置

5.2.1 经过对重庆籍登记检验船舶进行统计分析，船舶辅机基本设置于船舶尾部，故本条规定船岸连接系统宜设置在每个泊位的下游侧。

5.3 岸电电控箱

5.3.1 岸电电控箱是船岸连接系统的起点，即是电源的接入点，又是控制系统模块集中设置点，具有供电和控制双重功能。

5.3.7 考虑到岸上供电电源基本为三相四线制，船舶基本为三相三线制，为方便船舶接地，作出本条规定。

5.4 垂直升降装置

5.4.1、5.4.2、5.4.3 垂直升降装置是船舶岸电接插装置的载体，应确保船舶岸电接插装置不被水淹没，同时处于方便接插的位置。在日常使用情况下，为克服大水位差，垂直升降装置应具备随水位的涨落而自动升降的功能。在应急检修情况下，垂直升降装置应具备手动调整到允许范围内的任何高度。

5.5 收放缆装置

5.5.3 收放缆装置所容纳的电缆量，应考虑设计高、低水位两种极限状况下收缆与放缆的最大量，同时适当留有余量。

5.5.4 保证在船位变化或发生意外卡阻时，电缆不被拉断。

5.7 船舶岸电接插装置

5.7.1 船舶岸电接插装置中心点距离船舶甲板面的高度是根据接插方便而确定的。

5.7.7 考虑到重庆市码头到港船舶多样性，船舶岸电接插装置的接线端子应具备向下兼容性。

5.8 电缆

5.8.1 船岸连接系统电缆选型与船用电缆保持一致。

6 船舶受电系统

6.5 其他

6.5.1 确保船体与岸地相连接设施的接地保护能有效可靠运行的基本要求。

7 用电计量、安全防护、通信及接口标准

7.1 用电计量

7.1.1 码头船舶岸电设施的计量装置的采集点电压等级应与供电电压相符，变流比与线路中负荷计算电流应相符，互感器的准确度级别应与上一级互感器相匹配。

7.2 安全防护

7.2.7 重庆市港口码头供配电系统3～35kV电气装置接地方式主要有不接地、经过高电阻接地和消弧线圈接地三种，低压系统（电压小于1kV）接地形式主要有TN方式和IT方式。港口船用岸电设施采用IT接地形式具有较高的安全性。

7.2.8 码头船舶岸电设施应具备急停系统，当船舶岸电系统出现故障，电动操作失灵情况下，现场可根据急停按钮终止岸电系统使用，保障人身安全。

附录A 常用船舶辅机功率、电压及船舶岸电设施推荐功率表

本附录是根据在重庆登记检验的船舶辅机功率进行统计分析后得出的。但由于调查的船舶数量有限，尚不能完全反映目前船型的相关内容，因此在码头船舶岸电系统设计时，应依据码头实际的设计船型和兼顾船型开展设计。表A.0.1、表A.0.2、表A.0.3、表A.0.4供确定船舶辅机容量时参考。